PARIS

Arbre, 5ème

PARIS

Geoffrey James   Hubert Damisch

Collection Esplanade

Services culturels de l'Ambassade du Canada, Paris

SOMMAIRE

FILS CROISÉS   Hubert Damisch   9

CROSSED LINES   Hubert Damisch   23

PARIS   Geoffrey James   35

TITRES DES ŒUVRES   103

FILS CROISÉS

Pourquoi la photographie sur laquelle s'ouvre le livre de Geoffrey James sur Paris, prise à ce qui semble être le petit matin au débouché de l'avenue Daumesnil, face à la Mairie du XIIème arrondissement, en regardant vers l'Est, pourquoi cette image en apparence si banale me touche-t-elle à ce point ? Mais force m'est aussitôt de corriger le tir et, avant de tenter de répondre à cette question, de tâcher d'en bien saisir les attendus, d'en peser précisément les termes (à commencer par celui même de *point*), d'en mesurer la portée. Car si quelque chose m'étreint dans cette photographie, si quelque chose a immédiatement fait *tilt* en moi au vu de cette image, ce n'est pas sur le mode littéral du *punctum* au sens où l'entendait Roland Barthes. Rien dans mon for intérieur qui approche de la sensation d'une blessure, d'une meurtrissure, et moins encore d'une piqûre, —rien qui m'épingle ou qui me «pique», ainsi qu'on peut le faire d'un papillon: la sensation, plutôt, d'une chaleur diffuse, que contredit l'hypothèse d'une heure matinale. Mais rien non plus dans cette photographie, rien dans l'image elle-même qui évoque ces marques, ces «petits trous» dont parlait Barthes et qui seraient en elle comme autant de points sensibles: érigé au premier plan, l'axe vertical d'un feu de circulation correspond à une articulation trop massive pour pouvoir être considéré comme une simple ponctuation. Et si *punctum* désigne également en latin un coup de dés, si—comme on le lit dans *La Chambre claire* —«le *punctum* d'une photo c'est ce hasard qui, en elle, *me point* (mais aussi me meurtrit, me poigne)»[1], il me paraît en l'occurrence correspondre moins à une atteinte (sinon à une visée, dont je serais la cible) qu'à une forme de captage ou de branchement, une mise en circuit génératrice d'énergie. D'où l'impulsion qui m'incite à formuler autrement la question, sous l'effet de la sensation de chaleur que je disais, et qui se laisse difficilement cerner sous le titre du *punctum*. Un autre terme existe en latin, sans doute moins bien fait pour frapper les esprits que ne l'est le mot *punctum*, celui de *reticulum*, lequel dénomme un «petit filet»: si l'étymologie va dans le sens de la prise, de la capture, du «coup de filet», la définition que donne le dictionnaire du mot français «réticule»—un «système de fils croisés matérialisant un point, un axe de visée dans un instrument d'optique» (Robert)—incite à concevoir le *punctum* comme pris dans les mailles d'un réseau dont il serait, en termes de visée, la résultante.

Durant les longs hivers frileux passés à Paris sous l'Occupation, l'un de nos rares divertissements d'adolescents (lequel avait pour principal mérite de nous tenir au chaud) consistait à explorer le réseau en grande partie souterrain du métro jusqu'en ses destinations les plus lointaines pour en ressortir ici ou là, aux fins de boire une tasse du triste breuvage alors qualifié de «chocolat», et retourner bientôt sous terre, après une brève exploration des lieux, mais non sans nous être procuré, pour compléter notre collection, l'un de ces tickets, roses ou verts selon la classe à laquelle ils donnaient accès, et sur lesquels était imprimé le nom de la station émettrice. «Gare du Nord» ou «de Lyon», «Rome», «Pyramides», nous offraient les simulacres de voyages d'une autre époque; «Volontaires» en appelait à une résistance dont nous percevions çà et là les échos, eux-mêmes souterrains (le paquet de tracts stupidement échappé du cartable d'un camarade de lycée, à la station Trocadéro, et que l'acteur

Raymond Rouleau qui se trouvait là et nous observait depuis quelque temps s'empressa de recouvrir de son journal).

Si j'évoque le souvenir de ces expéditions, c'est qu'à feuilleter le livre de Geoffrey James, je retrouve un peu de l'inquiétude mystérieuse que nous ressentions à découvrir ces lieux à la fois proches et lointains et qui, pour être parfaitement répertoriés et localisables sur les plans du métropolitain, n'en éveillaient pas moins en nous un sentiment d'étrangeté, de dépaysement, redoublé par la conscience du déterminisme obscur qui nous avait conduits là, au débouché d'une station, dans la grisaille d'un jour d'hiver et le vide des rues désertées par les automobiles, faute de carburant, et jusqu'en des quartiers écartés où la présence de l'occupant était moins sensible que dans le centre monumental de la capitale. Un déterminisme paradoxal, qui allait de pair avec un désir irrépressible de liberté et s'accordait mal, dans ce qu'il avait d'erratique, à la rigueur obligée du parcours d'un point à un autre tel qu'il s'affiche encore sur les derniers panneaux lumineux où il suffit d'appuyer sur le bouton correspondant à la destination voulue pour que s'éclairent les points indiquant l'itinéraire à suivre. Comme si, pour reprendre la formule de Barthes, la suite d'images que propose Geoffrey James faisait *tilt* en moi sous l'effet moins d'un événement ponctuel que de l'interférence entre deux circuits, ou deux parcours en boucle qui en viendraient à coïncider ou se recouper en certains points: des points sans doute, mais dont la force d'impact serait fonction de la configuration respective des réseaux dans lesquels ils sont pris et des rencontres auxquelles donne lieu leur superposition (il ne m'aura pas fallu longtemps pour reconnaître que la chaleur qu'éveille en moi la vue de l'avenue Daumesnil au petit matin est liée au souvenir de la traversée de l'Est parisien dans la lumière du soleil levant quand, enfant, je me pelotonais au fond de l'automobile paternelle qui nous emportait vers l'Alsace pour les vacances d'été).

2

J'ai parlé de *livre*. Car c'est bien d'un livre qu'il s'agit en effet ici, constitué qu'il est d'une suite de photographies de sites ou de lieux urbains, certains immédiatement identifiables comme «parisiens», d'autres moins, et qui correspondent, une fois reconnus comme tels, aux étapes d'un parcours qui se laisse sans trop de difficultés reporter sur un plan de la capitale, à la façon dont chaque page d'un livre a dans son volume sa place assignée. Ce n'est certes pas là chose nouvelle pour un photographe dont le travail se résume à ce jour à un ensemble de publications qui ont toutes partie liée avec la géographie et la topographie: qu'il s'agisse, entre autres, de la campagne romaine, des entreprises paysagères de Frederick Law Olmsted, le créateur de Central Park à New York, ou de la barrière de tôle ondulée de douze kilomètres de long érigée sur la frontière entre les États-Unis et le Mexique à proximité de l'océan Pacifique, entre San Diego et Tijuana, ce travail a pour premier objet la description, d'ordre quasiment archéologique, d'un ensemble de lieux chargés comme on dit d'histoire et d'une bonne part de mythologie, saisis dans leur état présent, et combien fragile et instable, combien problématique[2]. Geoffrey James n'est pas seul à penser la photographie en termes moins d'images que de livres. Si quelque chose existe pour lui comme une histoire de la photographie, elle se ramène, de *The Pencil of Nature* de Fox Talbot à *The Americans* de Robert Frank, en passant par les albums de Baldus et d'Atget, à celle des livres de photographes. Ce qui revient à dire que cette histoire, sinon la photographie elle-même, n'aura vraiment pris son départ que du jour où elle a trouvé son lieu d'inscription, une fois acquise la possibilité de tirer sur papier l'image fixée au fond de la chambre noire, et partant de la reproduire. Sans la reproduction, sans le livre publié par Berenice Abbott avec l'aide de Julien Levy, Atget n'aurait pas laissé de traces. Pour ne rien dire de la qualité même des reproductions, souvent bien supérieure à celle de vues prises à la sauvette. Mais le livre réserve d'autres surprises: Geoffrey James en veut pour preuve l'exposition *American Photographs* de Walker Evans au Museum of Modern Art de New York, en 1938, laquelle revêtait les allures d'une enquête documentaire sur les U.S.A., là où le livre publié à cette occasion demeure autrement mystérieux: chaque fois qu'il le feuillette, c'est pour y découvrir une image à laquelle il n'avait jusque-là pas prêté attention et qui ouvre de nouveaux aperçus sur l'entreprise et le territoire exploré.

Un livre est un dispositif à double entrée qui fonctionne tout ensemble dans la diachronie (la succession des pages, qu'elles soient de texte ou d'image) et dans la synchronie (leur réunion au sein d'un même ensemble qui peut être ouvert à la page et consulté dans l'ordre qu'on voudra). Ainsi en va-t-il d'une ville où l'on est libre de se déplacer à son gré, et d'y choisir ses points de chute ou d'ancrage: les vues qu'on peut en prendre ayant d'autant plus d'acuité qu'elles sont fonction de parcours en partie souterrains au regard desquels elles font figure de *stations*. Mais la donnée du livre prête à d'autres modes d'interférence que topographiques: à commencer par des recoupements eux-mêmes livresques et la rencontre, plus ou moins aléatoire, entre divers domaines ou registres de lecture.

Quelques jours après avoir discuté avec Geoffrey James de l'ordre de présentation qui nous semblait le mieux approprié pour ses photographies parisiennes (et qui nous aura fait placer en première ligne celle de l'avenue Daumesnil), une autre tâche a voulu que je lise ou relise, successivement, *Le Paysan de Paris* d'Aragon, *Les Vases communicants* d'André Breton et l'essai de Walter Benjamin sur «Le Surréalisme, dernier instantané de l'intelligentsia européenne». Le rapprochement s'imposa aussitôt entre les lieux que hantaient les surréalistes et quelques-uns de ceux où James a planté son appareil à plaques, du boulevard Saint-Martin, en passant par la Porte Saint-Denis, jusqu'au carrefour de la Chaussée d'Antin, à la sortie du métro, avec vue en coulisse sur la façade latérale de l'Opéra, à proximité immédiate du pâté de maisons que traversait le Passage de l'Opéra, célébré par Aragon, et dont j'ai peine à croire qu'il ait fallu attendre le début de l'entre-deux guerres pour que sautât ce dernier verrou et que fût acquise, sous la poussée du «grand rongeur» auquel le poète assimilait le boulevard Hausmann, la continuité de l'axe des grands boulevards.

La référence s'impose au Paris qui était celui des surréalistes, et celui encore des «passages», chers à Walter Benjamin, qu'évoque ici, au détour d'une page, une vue sans apprêts du plus modeste d'entre eux, et comme oublié, le Passage du Prado. Comme si, obéissant lui-même à une détermination inconsciente, James avait entendu remettre ses pas dans ceux de Breton, jusqu'au pied de la Porte Saint-Denis, dans ce quartier qui exerçait sur l'auteur de *Nadja* une attirance que celui-ci s'expliquait par «l'isolement des deux portes qu'on y rencontre et qui doivent sans doute leur aspect si émouvant à ce que naguère elles ont fait partie de l'enceinte de Paris, ce qui donne à ces deux vaisseaux, comme entraînés par la force centrifuge de la ville, un aspect totalement éperdu»[3]. Le fait que l'axe des boulevards corresponde à l'une des lignes maîtresses de l'ancienne membrure fortifiée de Paris s'accorde avec ce que Benjamin dit de la «forteresse intérieure» de la ville, qu'on devait à l'en croire d'abord conquérir et occuper pour en maîtriser le destin[4]. En est-on encore là aujourd'hui, à tâcher de faire exploser la charge d'«atmosphère» que recelerait toujours la capitale, pour en révéler l'énergie que les surréalistes, et Benjamin après eux, n'hésitaient pas à qualifier de «révolutionnaire» ? Un pareil langage n'est plus à l'ordre du jour: au mot «révolution» s'est substitué celui de «mutation», lequel évoque un processus naturel dont nous serions les témoins plutôt qu'un événement historique dont il nous appartiendrait d'être les acteurs. Mais ce n'est pas à dire que le discours des surréalistes et celui de Benjamin soient pour nous sans échos. A ceci près que si quelque chose perdure, toujours et encore, de la forteresse intérieure qui fait la force de Paris, elle se manifesterait plutôt en termes de résistance, elle-même intérieure. Une résistance dont les photographies de Geoffrey James multiplient les preuves et les indices, relevés, saisis, fixés au départ d'une rue, au débouché d'un boulevard, au détour d'une place, à proximité d'un monument, et jusque dans un terrain vague. Mais de quelle espèce, cette résistance, et dirigée contre quoi, s'exerçant dans quel sens, nourricière de quelle espérance, forte de quel pessimisme ?

3

La démarche de Geoffrey James a tout ensemble quelque chose d'exploratoire et d'expérimental. Exploratoire, elle l'est dans le mouvement qui l'aura conduit —tout en ayant soin, comme je l'ai dit, de marquer quelques repères qu'on qualifiera de mythologiques (car c'est bien une mythologie qui s'est constituée autour de l'objet «Paris», de Baudelaire à Guy Debord, en passant par les surréalistes et Benjamin)—à s'écarter du parcours monumental et des lieux rebattus autant que des poncifs du genre pour renouer avec le propos, à ses yeux d'une modestie et d'une honnêteté exemplaires, qui fut en son temps celui d'Atget, dont l'oeuvre est elle-même devenue partie intégrante de cette mythologie. Mais expérimentale, aussi bien: car c'est bien à une manière d'expérimentation que s'égale le tour, à vrai dire répandu, qui consiste pour le photographe à fixer tel trait du visage de la ville à une heure où celle-ci est encore vide de toute présence humaine, ou peu s'en faut (quelques passants, tout au plus, au pied de la Porte Saint-Denis et, ça et là, nombre de voitures en stationnement), laissant à son lecteur d'imaginer quelle sera sa physionomie au milieu du jour, qu'il s'agisse de lieux généralement encombrés ou d'espaces demeurés relativement à l'écart du trafic, sinon déserts. L'attention que prête Geoffrey James aux signaux de toute espèce autant qu'aux obstacles érigés sur les trottoirs pour endiguer le parking sauvage dit assez que la masse automobile a désormais plus de poids, est chargée de plus d'énergie latente, lourde de plus de menaces que les masses piétonnes. Ce disant, je découvre que l'impression que je ressens au vu de l'image prise au sortir de la station Chaussée d'Antin est liée au fait qu'elle l'a été au rebours du sens unique imposé, en ce carrefour, à la circulation des véhicules. Mais qu'on puisse en faire abstraction n'en souligne que mieux le caractère expérimental de l'opération : ce dont il s'agit, c'est de tester la capacité de résistance de la ville, laquelle ne se limite pas à la défense contre les débords de l'automobile, mais est aussi autrement secrète et diffuse que ne le laisse supposer l'impact des ravalements et autres «grands travaux» dont l'honore ou l'accable le pouvoir.

La cohérence de l'entreprise de Geoffrey James est soulignée par la récurrence de certains traits formels : à commencer par le fait que la découverte d'un lieu ou d'un site se traduit souvent, dans ce qu'elle a d'archéologique, par un effet de perspective, sinon de trompe-l'oeil, qui confère précisément à telle façade ou ligne de façades les apparences d'une «découverte», au sens cette fois scénique ou cinématographique du terme : celle d'un élément de décor sans épaisseur disposé de façon à simuler une profondeur. Ailleurs, dans la courbe de la rue Alain, dans le XIIIème arrondissement, c'est l'architecture déclarée contemporaine qui s'aventure à en mimer le tour. L'opéra de Charles Garnier est bien éloigné de prêter à des effets de ce genre : la comparaison n'en est que plus frappante avec celui de la Bastille dont la vue qu'en a prise James semble vouloir estomper dans le blanc les volumes amorphes, là où celle des arrières de Garnier met au contraire l'accent sur l'effet de masse d'un édifice qui demeure, une fois soustrait à toute optique monumentale, l'un des points d'ancrage majeurs de la forteresse intérieure de la ville (ainsi en va-t-il encore des perspectives qui s'ouvrent aux abords de la Gare du Nord et qui évoquent les «plombs» de Venise plutôt que les trouées hausmanniennes).

Mais l'exploration va plus loin, sinon plus avant, et avec elle le sens de la découverte et de l'expérimentation. Plus loin vers la périphérie, mais aussi plus avant dans l'intimité de la ville, à proximité de ce qui en demeure le centre. De passage dans la capitale, durant l'été 1992, alors qu'il songeait depuis longtemps à un travail sur Paris, Geoffrey James s'aventura un dimanche matin hors de l'appartement que lui avait prêté un ami, rue de Moscou, jusqu'à la place du Havre où il fut frappé par des formes inédites d'hybridation visuelle entre les immeubles hausmanniens, un empilement de pendules des rues dû à l'imagination d'Arman, de grandes enseignes publicitaires lumineuses et les échantillons d'un nouveau «mobilier urbain» dont l'intrusion n'oblitérait pas tout du souvenir du tableau de Caillebotte. D'où l'idée qui lui vint alors de procéder, par le moyen de la photographie, à quelques coups de sonde dont la visée pouvait paraître incertaine mais dont la réunion en volume prend force de chambre d'écho. Rien dans ces images qui relève d'une humeur nostalgique; mais rien non plus qui participe de la flânerie baudelairienne ou de la dérive situationniste: le prélude, plutôt, à une suite d'enquêtes autrement planifiées, à une cartographie plus claire et systématique, et qui viseraient à mesurer, en termes je le répète strictement visuels, la résistance qu'oppose la ville à des formes d'*occupation* diverses; mais non sans devoir la débusquer, cette résistance, là où on l'attendrait le moins, et sous des espèces le plus souvent passives et détournées, où elle le dispute à l'inertie, à la survivance, sinon à l'oubli.

4

Quand je parle d'occupation, ce n'est pas seulement en écho au temps dans lequel prirent place nos explorations d'adolescents, tandis que sur l'autre bord de l'Atlantique Cole Porter chantait *I remember Paris*. «What have they done to her?» —«Qu'ont-ils fait d'elle (ou de lui)?». Loin de toute rengaine, comme de toute carte postale touristique, Geoffrey James prête attention à des aspects du devenir de la ville, et de sa permanence, qui peuvent sembler secondaires ou marginaux, sans jamais céder à l'anecdote ni au pittoresque. Les façades d'habitations délabrées aux fenêtres murées dans l'attente d'une démolition hypothétique, mais décorées à l'occasion de petites niches abritant autant de statuettes, un jardinet sauvage, impasse de Satan, des constructions récentes qui rivalisent de banalité avec des édifices sans âge, la section aérienne du métropolitain sur le boulevard de la Chapelle, les voies de chemin de fer désaffectées aux abords des anciens Grands Moulins et, poussant toujours plus loin vers l'Est, une vue perspective du boulevard Poniatowski, dans le XIIème arrondissement, qui défie tout partage typologique entre le Paris *intra muros* et sa «ceinture»—autant d'images qui participent d'une approche purement descriptive et qui implique la suspension de toute visée narrative : nul ne saurait dire ce qui va se passer là, dans les heures, les jours, les semaines, les mois, les années à venir, ni entreprendre de raconter comment on en est arrivé, ou resté, à un semblable état de choses, et moins encore y introduire des personnages de fiction dont le caractère s'accorderait à celui des lieux.

«Une existence entièrement axée sur le boulevard Bonne-Nouvelle, comment nous la représenter dans les espaces aménagés par Le Corbusier et Oud ?»[5]. Dans quelques-unes des plus rares parmi les photographies parisiennes de Geoffrey James, l'interrogation prend un autre tour. A la différence des planches d'Atget, l'expérience qui consiste à fixer l'image de sites écartés à l'heure où la ville est encore vide de ses occupants ne permet d'en tirer nulle conclusion sur les conditions d'existence, l'appartenance sociale ou la biographie de leurs habitants éventuels ou de ceux qui les hantent, pas plus qu'elle ne prête à aucune spéculation sur les destinées urbaines. En fait de représentation, on demeure là comme en attente, ou en arrêt, sur le seuil ou aux abords d'une scène déserte, et à ce titre énigmatique. Quitte pour celui qui s'emploie à la fixer à l'heure et dans ces zones où elle se donne à voir en tant que telle, à déplacer de quelques mètres son appareil, une fois sur le terrain, à la façon dont il suffisait à Cézanne de se pencher légèrement, tantôt à droite, tantôt à gauche, pour considérer un même paysage sous des aspects différents, ou encore à y regarder à deux fois, ou d'un peu plus près. Affaire non de cadrage (qu'exclut l'usage d'un appareil à plaques, dépourvu de viseur) ni de point de vue, mais de mouvements, de marche d'approche, à quoi se réduit la part de récit qu'implique la photographie telle que l'entend Geoffrey James[6]: «Vous marchez, vous bougez, et votre corps vous dit où prendre la photo. Ce n'est pas réellement l'oeil»[7]. Le photographe s'avance vers l'image sur laquelle il va s'arrêter à la façon dont il sort du métro à l'heure et dans des lieux où le temps semble être lui-même suspendu, sans avoir au préalable procédé à un quelconque repérage, la découverte se confondant avec l'expérience, et vice-versa. A charge pour le lecteur d'entrevoir à son tour quelque chose de la topologie ainsi définie sur l'ensemble des fils que croise et recroise, de façon encore hypothétique, ce livre non pas tant d'images que de photographie — comme on dirait de poésie, ou de philosophie.

Hubert Damisch

NOTES

[1] Roland Barthes, *La Chambre claire*, Paris, 1980, p. 49.

[2] Cf. Geoffrey James, *La Campagna romana*, Montréal, 1990; *Running Fence*, Vancouver, 1999; Robert Burley, Lee Friedlander & Geoffrey James, *Viewing Olmsted*, Montréal, 1996.

[3] André Breton, *Les Vases communicants*, Paris, 1955, p. 133.

[4] Walter Benjamin, "Le Surréalisme. Le dernier instantané de l'intelligentsia européenne" (1929), trad. fr., *Oeuvres*, Paris, 2000, t.II, p. 121.

[5] Benjamin, *op. cit.*, p. 130.

[6] "There is [...] a journey to be made, almost a narrative", cité par Phyllis Lambert in *Viewing Olmsted*, *op. cit.*, p. 9.

[7] David Harris, "Interview with Geoffrey James", *ibid.*, p. 98.

Passage du Prado, 10ème

CROSSED LINES

Why does the photograph that opens Geoffrey James's book on Paris, apparently shot in early morning looking eastward from the Avenue Daumesnil in front of the town hall of the 13th arrondissement, a seemingly banal image, move me to this point? But I am just as soon obliged to revise my approach and, before attempting to respond to this question, I must try to grasp its reasons, to precisely weigh its terms (beginning with this very *point*), to measure its importance. If something in this photograph grips me, if in seeing this image something immediately rings a bell, it is not in the literal mode of the *punctum* as Roland Barthes understands it. Nothing in my inner being approaches the sensation of a wound, a bruise, or even less a bite, nothing pricks or pins me in place as one would a butterfly, rather I have the sensation of a diffused heat which contradicts the hypothesis of an early hour. But there is also nothing in this photograph, in the image itself, that evokes those marks, those "little holes" mentioned by Barthes, which would exist as so many sensitive points. Standing in the foreground, the vertical line of a street light corresponds to an articulation too massive to be considered a mere punctuation. And if *punctum* in Latin also designates a throw of the dice, if as one reads in *Camera Lucida* "A photograph's punctum is that accident which pricks me (but also bruises me, is poignant to me)"[1], it seems to me to correspond less to an attack (or a focused aim, of which I would be the target) than to a form of reception or connection, a channelling of energy within a generating circuitry. Whence the impulse to formulate the question differently, under the feeling of warmth I mentioned, which resists inclusion under the title of *punctum*. Another Latin term exists, no doubt less able to strike our imagination than *punctum*, namely the word *reticulum*, which translated means "small net." If the etymology points towards the idea of seizure, of capture, of "drawing in the net," the definition given by the dictionary of the word "reticle," "a network of crossed lines forming the focal point of the eyepiece of an optical instrument," incites us to conceive of the *punctum* as enmeshed in a network of which, in terms of focused aim, it would be the result.

During the long chilly winters spent in Paris under the German occupation, one of our rare adolescent diversions (whose principal merit was to keep us warm) consisted of exploring the largely subterranean network of the subway to the very farthest reaches, re-emerging here and there for a cup of that sad beverage that passed for "chocolate," and just as quickly returning underground to complete our collection, one of those tickets, pink or green according to the class they gave admittance to, and on which were printed the names of the originating stations. "Gare du Nord," "Gare de Lyon," "Rome," "Pyramides" sent us on simulated voyages to another era, "Volontaires" called on us to participate in a resistance whose echoes, likewise subterranean, we sporadically sensed (the packet of tracts stupidly dropped from the book bag of a high school friend at the station Trocadero, which the actor Raymond Rouleau, who happened to be there and had been watching us, hastily covered with his newspaper).

If I evoke the memory of these expeditions, it is because, while leafing through Geoffrey James' book, I rediscover a bit of the strange uneasiness we felt when finding these places at once near and far and which, while perfectly itemised and localised on the maps of the "Metropolitain," nevertheless aroused in us a sense of foreignness, of estrangement, underscored by the awareness of an obscure determinism that had led us there, to the entrance of a station, in the grey vault of a winter day and streets emptied of automobiles, for lack of gas, out to distant neighbourhoods where the presence of the occupation was less palpable than in the monumental centre of the capital. A paradoxical determinism, for it went hand in hand with an irrepressible desire for liberty and seemed unfitting, in its erratic nature, with the obliged rigour of travelling from point A to point B such as is still to be seen on the few remaining electric maps where it suffices to push a button corresponding to one's destination to see the points indicating the suggested itinerary light up in a chain. As if, to return to Barthes, the group of images proposed by Geoffrey James rang a bell in me less through the effect of a punctual event than in the interference between two circuits, or two circular trajectories, which came to coincide or cross over at certain points. Points, indeed, but whose impact is a function of the respective configuration of the networks in which they are enmeshed and the encounters which their superimposition makes possible. (It did not take me long to realise that the warmth aroused in me by the image of the Avenue Daumesnil in early morning is linked to the memory of crossing the east of Paris in the light of dawn when, as a child, curled in the back of my father's car, I was carried towards Alsace for summer vacation.)

2

I said *book*. It is indeed what we are dealing with here, a book compiled as a series of photographs of urban sites or places, some immediately identifiable as "Parisian," others less, and which correspond, once recognised as such, to the stages of a journey that can be fairly easily located on a map of the capital, in the way that each page of a book has its assigned place in the larger volume. This is certainly no novelty for a photographer whose work to this day includes a group of publications all linked to geography and topography. Whether dealing with, among others, the roman countryside, the landscape projects of Frederick Law Olmsted, the creator of New York's Central Park, or the twelve-kilometre-long corrugated fence running along the Mexican-American border not far from the Pacific, between San Diego and Tijuana, this work's primary aim is the quasi-archaeological description of a group of places charged as one says with history and a good dose of myth, captured in their ever so fragile, unstable, and problematic, present states[2]. Geoffrey James is not alone in conceiving photography less in terms of pictures than of books. If a history of photography exists for him, it boils down to photographers' books, from Fox Talbot's *The Pencil of Nature* to Robert Frank's *The Americans*, passing through the albums of Baldus and Atget. Which is the same as saying that this history, if not photography itself, did not really begin until the day it found its inscribed place, until we first acquired the ability to take the image captured in the *camera obscura* and print it on paper, and then started to reproduce it. Without reproduction, without the book published by Berenice Abbot with the help of Julien Levy, there would be no trace of Atget. To say nothing of the actual quality of the reproductions, often much better than the prints themselves. But books hold other surprises: Geoffrey James sees proof of this in the 1938 exhibition of Walker Evans, *American Photographs*, at the Museum of Modern Art in New York, which had the look of a documentary study on the United States, while the book published on this occasion remained altogether more mysterious: each time James leafs through it, he discovers a picture he had previously ignored, and one which opens new perspectives on the project and the territory explored.

A book is a an apparatus with a double entry, functioning as a whole diachronically (in the succession of pages, be they text or image) and synchronically (in their union within one set that can be opened and consulted in the order one chooses). It is the same with a city where one is free to move around at will and to choose points of rest or return. The views one can thus gather have that much more intensity because they function as *stations* along a partially subterranean itinerary. But the parameter of the book allows for inferences other than topographical: to begin with the literary cross-references, and the more or less random encounter between different areas or registers of reading. A few days after discussing with Geoffrey James the best order of presentation for his Parisian photographs (and which would have placed the image of the Avenue Daumesnil in front), another task obliged me to read or reread, one after the other, Aragon's *Paris Peasant*, André Breton's *Communicating Vessels*, and Walter Benjamin's essay "Surrealism: The last Snapshot of the European Intelligentsia." A connection immediately asserted itself between the places that haunted the Surrealists and some of those where James put down his view camera from the Boulevard Saint Martin, passing by the Porte Saint Denis, to the intersection at Chaussée d'Antin, at the exit of the metro, with a glimpse of the side façade of the Opera, in immediate proximity to the block of houses traversed by the Passage de l'Opéra made famous by Aragon and which it is hard for me to believe had to wait until the period between the wars to see this last section fall, thus completing, under the push of the "great rodent" which the poet nicknamed the Boulevard Hausmann, the uninterrupted flow of the *grands boulevards*.

The reference vital to the Paris of the Surrealists, and even more so to that of these *passages* or narrow side streets dear to Walter Benjamin, is unexpectedly evoked here by an unaffected view of the humblest one among them, seemingly forgotten, the Passage du Prado. As if James, himself obeying an unconscious determinism, set out to retrace the steps of Breton all the way to the foot of the Porte Saint-Denis, in that Quartier which exerted an attraction on the author of *Nadja* that he explained "by the isolation of the two gates you see there, which owe their moving aspect to the fact that they used to be part of the Paris city wall, giving these two vessels, as if they were carried along by the centrifugal force of the town, a totally lost look."[3] The fact that the boulevards are laid along one of the principal lines of the ancient fortified enclosure of Paris corresponds well to what Benjamin said of the "inner strongholds" of the city, which according to him one must first overrun and occupy in order to master its fate[4]. Are we still struggling today to explode the immense forces of "atmosphere" concealed in the capital, and thereby reveal the energy which the Surrealists, and Benjamin after them, did not hesitate to call "revolutionary"? Such language is outmoded today: the word "revolution" has been replaced by "mutation," which evokes a natural process in which we act as witnesses, rather than an historic event in which we play the actors. But this is not to say that the discourse of the Surrealists and that of Benjamin rings hollow for us. Rather, if something of the interior fortress constituting the force of Paris continues to exist, it is more likely to manifests itself in terms of resistance, likewise interior. A resistance for which the photographs of Geoffrey James provide proof and clues, drawn, gathered, fixed at the top of a street, the broadening of a boulevard, around a square, next to a monument, out in a vacant lot. But what nature of resistance and directed against what, employed for what reason, feeding what hopes, strengthened by what pessimism?

3

Seen as a whole, Geoffrey James' artistic process holds something exploratory and experimental. Exploratory by the movement that directed it out of the monumental path of over-frequented sights and away from generic commonplaces though taking care, as I mentioned, to mark a few points of reference which one could qualify as mythological (for, indeed, what has been constituted around the object "Paris", from Baudelaire to Guy Debord, from the Surrealists to Benjamin, is very much a mythology). In so doing, James has renewed a project of exemplary modesty and honesty in his eyes, that of Atget, whose work itself has become an integral part of this mythology. Yet it also has an element of experimentation: the experimental, and quite frequent, trick of fixing a certain trait of the city at an hour when it is still empty of all human presence, or nearly (at most, a few passers-by at the foot of the Porte Saint-Denis and a scattering of parked cars), leaving his reader to imagine how places, whether generally crowded or removed from the congestion, if not completely deserted, would look at midday. The attention Geoffrey

James pays to all manner of street signs as well as obstacles placed on sidewalks to prevent illegal parking says much about the accumulated weight of the mass of cars, charged with more latent energy, more menacing force than the crowd of pedestrians. Still, the impression I have while looking at the image taken at the exit of the station Chaussée d'Antin is linked to the fact that it was taken facing against the direction of traffic imposed at this intersection. That one can make such abstractions only underscores the operation's experimental character. The aim here is to test the city's capacity for resistance, which is not limited to defensive measures against vehicle violations, but which is also far more secret and diffuse than we are led to believe by the impact of facelifts and other "grands travaux" (major construction projects) bestowed or imposed on it by the powers that be.

The coherence of Geoffrey James' undertaking is underscored by the recurrence of certain formal traits. Firstly, the fact that the discovery of a place or a site often translates, in its archaeological aspect, into an perspectival, if not trompe-l'oeil, effect, which confers precisely on this façade or that line of façades the appearance of a "backdrop" in the theatrical or cinematic sense of the term: a thin piece of scenery placed so as to simulate depth. Elsewhere, in the curve of the Rue Alain in the 13th arrondissement, it is the declared modernity of the architecture that ventures to mimic this trick. The Opera Charles Garnier is far from capable of lending effects of this kind. The comparison is even more striking with the Opera Bastille, of which the view taken by Geoffrey James seems to whiten out the amorphous volumes, whereas those of the Garnier put the accent, to the contrary, on the effect of mass produced by an edifice that remains, once removed from all monumental perspectives, one of the major reference points of the city's interior fortress (it goes likewise with the views of the area surrounding the Gare du Nord, which evoke more the "gutters" of Venice than Hausmann's open swaths).

But the exploration goes further, if not forward, and with it the meaning of discovery and experimentation. Further towards the outskirts, but also forward into the intimacy of the city, close to what remains its centre. On a visit to the capital during the summer of 1992, having thought for some time of doing a project on this city, Geoffrey James took off one Sunday morning from the apartment a friend had lent him on the Rue de Moscou, toward the Place du Havre where he was struck by the novel forms of visual hybridisation between the Hausmannian buildings, a pile of street clocks assembled by Arman's imagination, the large neon billboards, and the samplers of a new "urban furniture" whose intrusion does not completely obliterate the memory of Caillebotte's famous painting, and the idea came to him to cast out his photographic net, gathering images whose aim may have seemed uncertain at the time but, reunited in one volume, take on the force of an echo-chamber. Nothing in these pictures bespeaks nostalgic humour; still less the idle Baudelairean stroll or the drift of the Situationists. Rather, we find the prelude to a series of well planned inquiries, a clearer, more systematic cartography that aims to measure in strictly visual terms, I repeat, the resistance the city opposes to different forms of occupation, obliged however to discover this resistance where one awaits it least and often in passive, unexpected forms, wrestling it from inertia, survival, or oblivion.

4

When I speak of occupation, it's not only to recall the period of our adolescent explorations, as Cole Porter, on the other side of the Atlantic, was singing "What have they done to her?" in his song "I Remember Paris." Far from any old refrain or tourist postcard, Geoffrey James focuses his attention on those aspects of the city that are evolving, or permanent, and which can appear secondary or marginal without ever ceding to the anecdotal or picturesque. The walls of dilapidated buildings with cemented windows waiting for a hypothetical demolition, yet simultaneously decorated with small niches harbouring statues, an illegal garden, Satan's Impasse, recent constructions which rival the banality of ageless buildings, the elevated section of the metro over the Boulevard de la Chapelle, the abandoned train tracks near the Grands Moulins and, pushing always further towards the east, a perspective view of the Boulevard Poniatowski in the 12th arrondissement, which defies all typological division between the Paris *intra muros* and its "belt": all these images contribute to a purely descriptive approach and involve the suspension of all narrative design. No one can say what will happen here in the hours, days, weeks, months, and years ahead. Nor can one construct a tale of how we arrived or remained here in such a state of things, or even less introduce fictional characters into the scene whose traits would match the surroundings.

"How are we to imagine an existence oriented solely toward Boulevard Bonne-Nouvelle, in rooms by Le Corbusier and Oud?"[5] Among the rarer photographs Geoffrey James has taken of Paris, the investigation takes a different turn. In contrast to Atget's prints, the experiment that consists of fixing the image of remote sites at an hour when the city is still empty of its occupants does not allow us to reach any conclusion about the living conditions, social class or biography of the eventual inhabitants of the place or those who haunt it, no more than it lends itself to a speculation on the future of Paris. In terms of representation, we remain there as if waiting or transfixed on the threshold or border of a deserted, and therefore enigmatic, scene. Except for the person who labours to fix it in time and in those places where it gives itself to be seen for what it is, and who, once settled on the spot, moves his camera a few meters as Cézanne might, bending slightly to the right or to the left in order to consider the same landscape from different aspects, or to take a second look at it, or from closer up. Not concerned with framing (which the view camera does not readily permit) nor with point of view, Geoffrey James captures movements, ways of walking; the part of the tale implied by photography, such as he understands it[6], reduces itself to this: "You walk, you move, and your body tells you to take the photo. It's not the eye really."[7] The photographer approaches the image on which he will pause in the same way he exits the metro at moments and in places where time itself seems suspended; without first having scanned the area, the discovery is mixed up with his experience of it and vice versa. It is our task to make out something of the topology defining this whole mass of lines, crossed and crossed again, in a hypothetical fashion, by this book which, as one says of poetry or philosophy, is less a work of pictures than of photography itself.

HUBERT DAMISCH
TRANSLATED FROM THE FRENCH BY LUCY MCNAIR

NOTES

[1] Roland Barthes, *Camera Lucida: Reflections on Photography*, trans. Richard Howard. London: Fontana Paperbacks, 1984, p. 27.

[2] Cf. Geoffrey James, *La Campagna romana*, 1990; *Running Fence*, Montreal, 1999; Robert Burley, Lee Friedlander & Geoffrey James, *Viewing Olmsted*, Montreal, 1996.

[3] André Breton, *Communicating Vessels*, trans. Mary Ann Caws & Geoffrey T. Harris. Lincoln: Univ. of Nebraska Press, 1990, p. 98.

[4] Walter Benjamin, *Reflections; Essays, Aphorisms, Autobiographical Writings*, trans. Edmund Jephcott. New York: Harcourt Brace Jovanovich, 1978, p. 183.

[5] Benjamin, *op. cit.*, p. 189.

[6] "There is […] a journey to be made, almost a narrative," cited by Phyllis Lambert in *Viewing Olmsted*, *op. cit.*, p. 9.

[7] David Harris, "Interview with Geoffrey James," *ibid.*, p. 98.

PARIS

TITRES DES ŒUVRES

1	Av. Daumesnil, 12ème
2	Cour du Havre, Gare St. Lazare, 8ème
3	Rue Charlemagne, 4ème
4	Rue de Constantinople, 8ème
5	Bd Haussmann (Chaussée d'Antin), 9ème
6	Bd Haussmann, 9ème
7	L'Opéra, Rue Auber, 9ème
8	Place de la Bastille, 11ème
9	Gare du Nord, 10ème
10	Rue Alibert, 10ème
11	Bd St. Martin, 10ème
12	Porte St. Denis, 10ème
13	Pont Sully, 4ème
14	Quai de la Tournelle, 5ème
15	Pont Neuf, 5ème
16	Place Paul-Painlevé, 5ème
17	Bd Morland, 4ème
18	Allée Verte, 11ème
19	Rue du Volga, 20ème
20	Rue des Pyrénées, 20ème

21	Passage des Récollets, 10ᵉᵐᵉ
22	Rue de Crimée, 19ᵉᵐᵉ
23	Bassin de la Villette, 19ᵉᵐᵉ
24	Rotonde de la Villette, 19ᵉᵐᵉ
25	Cité Auber, 11ᵉᵐᵉ
26	Rue des Cascades, 20ᵉᵐᵉ
27	Bd de la Chapelle, 10ᵉᵐᵉ
28	Bd de la Chapelle, 19ᵉᵐᵉ
29	Bd de la Chapelle, 19ᵉᵐᵉ
30	Rue Tombouctou et Rue Stephenson, 19ᵉᵐᵉ
31	Bd de la Chapelle, 19ᵉᵐᵉ
32	Impasse Satan, 20ᵉᵐᵉ
33	Impasse Satan, 20ᵉᵐᵉ
34	Rue des Haies, 20ᵉᵐᵉ
35	Rue des Haies, 20ᵉᵐᵉ
36	Rue de Charenton, 12ᵉᵐᵉ
37	Rue Alain, 14ᵉᵐᵉ
38	Gare de Lyon, 12ᵉᵐᵉ
39	Bd Poniatowski, 12ᵉᵐᵉ
40	Bd Poniatowski, 12ᵉᵐᵉ
41	Rue de Tolbiac, 13ᵉᵐᵉ
42	Rue de Charenton, 12ᵉᵐᵉ

Hubert Damisch

Né en 1928, philosophe et historien de l'art, Hubert Damisch a enseigné à l'Ecole des Hautes Etudes en Sciences Sociales, à Paris, et dans de nombreuses universités nord-américaines. Il a publié de nombreux ouvrages dont *Théorie du Nuage. Pour une histoire de la peinture* (1972), *L'Origine de la pespective* (1987), *Le Jugement de Pâris* (1992), *Traité du traité* (1995), *Un Souvenir d'enfance par Piero della Francesca* (1997), *L'Amour m'expose* (2000), ainsi que plusieurs recueils et de nombreux essais sur la peinture, l'architecture, le cinéma, etc. A paraître à l'automne 2001: *La Dénivelée. A l'épreuve de la photographie* et *La Peinture en écharpe. Delacroix, la photographie*.

Geoffrey James

Ces vingt dernières années, Geoffrey James s'est consacré à la photographie de paysages faits par l'homme. Ses premières oeuvres portaient sur les jardins européens et ont donné lieu à plusieurs expositions et publications dont les livres *Morbid Symptoms, Arcadia and the French Revolution* (Princeton, 1986) et *The Italian Garden* (Harry Abrams, New York, 1991). Dans les années quatre-vingt-dix, il a réalisé un ensemble de photographies sur la *campagna* romaine, sur les paysages miniers d'Asbestos au Québec, et sur l'oeuvre du grand architecte paysagiste américain Frederick Law Olmsted. En 1997, il a photographié la frontière américano-mexicaine pour une exposition au San Diego Museum of Contemporary Art et pour un livre publié ensuite sous le titre *Running Fence*. Il travaille actuellement, avec l'écrivain Rudy Wiebe, à un livre sur la ville de Lethbridge en Alberta ainsi qu'à un projet sur le paysage extra-urbain de Toronto. Geoffrey James a participé à de nombreuses expositions dont la *Documenta IX* (Kassel,1992), *Prospect 96* (Frankfurter Kunstverein, 1996) et *Crossing the Frontier* (San Francisco Museum of Modern Art, 1997). Il a été boursier de la John Solomon Guggenheim Foundation de New York, de la Graham Foundation de Chicago et a reçu le prix John Lynch Staunton du Conseil des Arts du Canada. Geoffrey James vit à Toronto. La presque totalité des oeuvres de ce livre ont été réalisées en l'an 2000 alors qu'il résidait à l'atelier du Conseil des Arts du Canada à la Cité internationale des Arts de Paris.

Remerciement : Ce livre doit à quatre personnes d'exister. Ma femme, Jessica Bradley, m'a encouragé à accepter une invitation de dernière minute à venir travailler à l'atelier du Conseil des Arts du Canada à la Cité internationale des arts à Paris, sans pouvoir m'accompagner. Petra Chevrier a réalisé son élégante maquette pour le livre dans un laps de temps que peu de graphistes auraient accepté. La beauté et la subtilité du texte d'Hubert Damisch, sa compréhension troublante de mon travail ont beaucoup enrichi l'ensemble du projet. Et Catherine Bédard, qui dirige le programme des arts visuels du Centre culturel canadien avec tant d'intelligence et d'enthousiasme, est une des rares personnes à avoir assimilé la maxime de Ralph Valdo Emerson : "Il n'y a pas de limites à ce qu'on peut faire, pourvu de négliger qui en tire crédit". J'ai une dette à leur égard. Geoffrey James.

Traduction : Lucy McNair
Conception graphique : Petra Chevrier

Paris est une publication des Services culturels de l'Ambassade du Canada à Paris, Collection *Esplanade*, 5 rue de Constantine, 75007 Paris, tél. 01 44 43 21 90, fax. 01 44 43 21 99.

La publication de ce livre a donné lieu à une exposition des oeuvres de Geoffrey James au Centre culturel canadien, présentée du 25 octobre au 8 décembre 2001.

Directeur du Centre culturel canadien : Robert Desbiens
Responsable des Arts visuels, Centre culturel canadien, et commissaire de l'exposition: Catherine Bédard
assistée de Danielle Melkonyan
Attachée de presse : Carole Réhel

© 2001, Services culturels de l'Ambassade du Canada, Paris
© Geoffrey James
© Hubert Damisch

ISBN 1-896940-21-8

Finito di stampare in Firenze
presso la tipografia Editrice Polistampa
Ottobre 2001